27
Ln 11447.

NOTICE HISTORIQUE

SUR LE DOCTEUR

RICHARD DE LAPRADE

ANCIEN PRÉSIDENT DE L'ACADÉMIE DES SCIENCES,

BELLES-LETTRES ET ARTS DE LYON, ET DE LA SOCIÉTÉ DE MÉDECINE DE LA MÊME VILLE,

MÉDECIN DE L'HÔTEL-DIEU,

PROFESSEUR DE CLINIQUE MÉDICALE A L'ÉCOLE SECONDAIRE DE MÉDECINE,

MÉDECIN DU COLLÉGE ROYAL, MEMBRE DU JURY MÉDICAL, DU CONSEIL

DE SALUBRITÉ DU DÉPARTEMENT DU RHÔNE, CORRESPONDANT

DES SOCIÉTÉS DE MÉDECINE DE BRUXELLES, LIÉGE,

PARIS, MONTPELLIER, DIJON,

ETC., ETC., ETC.

Par le docteur F.-F.-A. POTTON

MEMBRE DE L'ACADÉMIE IMPÉRIALE DES SCIENCES, BELLES-LETTRES ET ARTS DE LYON,

PRÉSIDENT DE LA SOCIÉTÉ IMPÉRIALE DE MÉDECINE DE LA MÊME VILLE,

ETC , ETC. ETC.

Discours de réception à l'Académie, prononcé dans la séance
publique du 21 décembre 1861.

LYON

IMPRIMERIE D'AIMÉ VINGTRINIER

Quai Saint-Antoine, 35

1862

NOTICE HISTORIQUE

SUR LE DOCTEUR

JACQUES-JULIEN RICHARD DE LAPRADE

Ancien président de l'Académie de Lyon

> « J'ai une singulière curiosité de connaître
> l'âme et les naïfs jugements des hommes ; il
> faut juger leur suffisance mais non pas leurs
> mœurs, par cette montre de leurs écrits qu'ils
> étalent aux yeux du monde. »
>
> (Michel Montaigne).

MESSIEURS,

Je suis admis par vos libres suffrages à remplacer, dans la section de médecine, un collègue dont vous avez apprécié le mérite et le caractère.

Cet honneur, aux yeux de tous, témoignage de votre bienveillance, est encore considéré par moi comme une voie nouvelle qui m'est ouverte pour m'en rendre digne.

Après avoir exprimé toute ma reconnaissance à l'Académie, qu'il me soit permis de remercier son président (1), qui a rendu mon premier devoir vis-à-vis de vous, plus facile, en m'indiquant le sujet qu'il savait le plus propre à vous intéresser.

J'essaie d'esquisser la biographie du docteur Richard de Laprade : si je réussis, cette notice ne sera pas seulement

(1) M. Gilardin, président de l'Académie en 1861.

un juste hommage rendu à sa mémoire , mais un enseignement précieux pour nous tous.

Les Sociétés savantes sont dans l'usage de payer un tribut d'éloges aux membres qu'elles ont perdus ; pour que ces marques de considération soient réelles et durables, il faut que le public soit mis en demeure de les sanctionner.

Il est des hommes d'une valeur incontestable, dont la vie modeste et laborieuse n'a point frappé la multitude ; c'est que pour captiver l'attention ou pour plaire, il ne suffit pas d'être utile. Les services continus, ceux de la médecine sont du nombre, offrent, en général, et conservent peu d'éclat ; cependant, ils peuvent avoir une importance telle qu'ils touchent même les hommes qui s'y croient complètement étrangers.

Ces considérations , ces motifs me conduisent à vous parler d'un confrère qui, durant sa longue existence, n'a eu pour soutien et pour règle que l'amour de la science et le sentiment du devoir. Moins il a voulu tenir de place dans l'opinion , plus il importe de faire valoir au grand jour le mobile qui l'a dirigé. La vie du docteur Richard de Laprade intéresse actuellement vos annales, comme autrefois sa présence anima vos assemblées.

Les bons esprits ne cherchent-ils pas également à voir au naturel ceux qui , dans un cercle restreint , ont exercé une influence salutaire sur leurs proches, sur leurs égaux, et ceux qui, plus haut placés, ont gouverné, bien ou mal, leurs contemporains ?...

J'ai la ferme espérance que mes sentiments pour un ancien maître sont des liens intimes qui m'unissent déjà aux membres de cette Compagnie.

Revenons donc ensemble sur le passé, l'oubli ressemblerait à l'ingratitude : ne permettons pas au vent du matin d'effacer les traces du voyageur de la veille.

Aujourd'hui que le temps, plus que jamais chargé de choses et de faits, paraît fuir plus rapidement, il est bon de reporter notre génération vers celle qui l'a précédée : bien que les circonstances ne soient plus les mêmes, bien que les événements aient changé, il est des principes, des lois morales qui sont immuables; plaçons-les en regard des tendances, des habitudes de nos jours. Mettons à profit les exemples de nos devanciers, recueillons avec soin les instructions qui découlent de leur sagesse.

Jacques-Julien Richard de Laprade naquit à Montbrison, en 1781. Sa famille, très-ancienne dans le pays, appartenait à la médecine depuis plusieurs générations ; les enfants se faisaient gloire de perpétuer dans la même carrière le nom de leurs aïeux.

Son père, médecin ordinaire du roi, intendant général des eaux minérales du Forez, avait été reçu, en 1774, à l'Académie de Lyon. Ses travaux, gardés dans les archives, justifient cet honneur (1).

Il voulut diriger l'instruction première de son fils, auquel, malheureusement, il vint à manquer trop tôt. Durant le cours de la Révolution, poursuivi, emprisonné, sa fortune, comme celle de bien d'autres, avait été compromise.

Animé de cette vigueur que donne la jeunesse, Richard,

---

(1) Marin-Richard de Laprade, docteur en médecine, a publié sur les sujets concernant sa profession, de nombreux mémoires. Nous avons de lui un traité intitulé : *Analyse et vertu des eaux minérales du Forez*, etc. (Lyon, 1778). Il a la gloire d'avoir le premier appliqué l'analyse aux eaux de Saint-Alban, de Sail-lez-Château, Sail-sous-Cousan, etc., etc. S'il n'a pas conduit ce moyen à sa perfection, il ne faut en accuser que le temps où il a vécu. La marche de la chimie n'était pas, à cette époque, aussi sûre, aussi avancée qu'elle l'est aujourd'hui. Mais l'expérience n'a rien ajouté à ses observations sur les propriétés thérapeutiques.

Les écrits de Richard de Laprade sur les eaux minérales du Forez sont fréquemment cités avec honneur par J. Carrière, dans son *Catalogue rai-*

orphelin, avait à peine ébauché quelques études médicales ; des difficultés de toute nature entravèrent ses débuts, sans ébranler son courage. N'est-ce pas au milieu des épreuves de l'adversité, que les caractères montrent ce qu'ils valent?...

Adolescent encore et devenu chef de la famille, il comprit ses devoirs , en accepta les charges. Une petite pharmacie dont les produits constituèrent la principale, sinon l'unique ressource de sa mère et de tous les siens , fut élevée par lui à Montbrison. Cette situation précaire que, plus tard, il ne craignait pas de rappeler, ne l'humilia pas davantage que ces succès ultérieurs ne l'ont enorgueilli.

Dominé par le besoin d'apprendre , il fut ensuite admis comme répétiteur au collége de Tournon, tenu par d'anciens prêtres de l'Oratoire; il donna des leçons pour s'instruire en instruisant les autres. C'est là que son goût, sa passion pour les classiques de l'antiquité se développèrent. Élève et précepteur tout à la fois, il ne quitta cette position que pour se rendre à l'Hôtel-Dieu de Lyon, et de là à Montpellier, la grande cité médicale.

Le génie, la célébrité de Barthez planaient sur l'école ; ses doctrines soutenues par des maîtres tels que Fouquet et Broussonnet, par des professeurs comme Baumes et Dumas, furent embrassées par le jeune Richard.

Dirigé par leurs conseils , il ne songea pas à devenir le plus savant, mais comme le recommande Hippocrate, le mieux savant, *non doctior, sed meliori imbutus doctrinâ.*

Une application assidue durant quatre années préparatoires, l'éleva au doctorat (1). S'éloignant de Montpellier, il était

---

sonné des ouvrages qui ont été publiés sur les eaux minérales en général, et sur celles de la France en particulier.

(1) Sa thèse, présentée à la Faculté de Montpellier (an xii, 1804), riche d'érudition et de faits, est écrite en latin avec une correction et une facilité remarquables : elle est précédée d'une touchante dédicace à la mémoire de

pénétré de ce feu sacré, de cet amour filial, qui sont parmi les nôtres, le signe distinctif des médecins qui ont su comprendre l'école ou qui lui ont appartenu sérieusement.

Il retourna dans son pays natal pour commencer, à Montbrison, la belle et souvent trop ingrate tâche dévolue au praticien de campagne. L'exercice de son art le mit en rapport avec ces populations attachées au sol, qui tirent des travaux des champs leurs salaires quotidiens.

Ses premiers pas furent marqués avec distinction ; médecin de l'hôpital, il amassa des observations nombreuses sur le caractère, les mœurs, le régime des habitants du Forez aussi bien que sur les causes pernicieuses qui compromettaient ou détruisaient leur santé (1); la médecine pratique l'occupa sans relâche ; cette époque fut la plus active, la plus pénible de sa vie. Assistant à la formation du Comité de vaccine, il se dévoua à cette œuvre naissante; secrétaire zélé, il eut le bonheur d'être l'un des premiers à répandre cette bienfaisante découverte dans le département de la Loire, où son père déjà avait introduit l'inoculation variolique (2).

Membre du jury médical, ces fonctions importantes par les conditions exceptionnelles du moment, lui avaient permis de signaler les vices, les dangers qui, par le charlatanisme,

son père : ce beau travail a pour titre : *Quædam de systemate* Browniano ; *specimen inaugurale.*,.... Il a pour épigraphe ce vers de Juvénal :

Semper ego auditor tantum? nonquam ne reponam ?....

(1) Membre du Conseil de salubrité, cette fonction lui suggéra des études qui, actuellement encore, ont un puissant intérêt : elles concernent la *statistique*, la *topographie médicale du pays*, etc. Elles ont été publiées dans le *Journal du département de la Loire*, où elles figurent avec de nombreuses productions littéraires dues à sa plume.

(2) Richard a composé de nombreuses instructions sur la vaccine et les procédés de vaccination; elles ont été répandues par ordre du préfet de la Loire, M. Du Colombier, qui honorait l'auteur d'une estime toute particulière.

l'ignorance ou la désuétude des lois spéciales, s'étaient glissés dans l'exercice de la médecine. Ses nombreux rapports dans lesquels sont réclamés des garanties aussi bien que la répression des abus , attestent son énergique sollicitude pour le bien public et pour l'honneur professionnel. La plupart ont été imprimés à l'époque parmi les actes officiels du temps.

Lorsque de pareils services que, par leur nature même , on est trop disposé à oublier, ont porté leurs fruits, sont la source , le point de départ de certains avantages dont nous jouissons, n'est-il pas juste de remonter aux auteurs ?...

Ces occupations multiples remplirent les dix plus belles années de Richard : vers la fin de 1815, d'illustres amitiés, des devoirs de famille le fixèrent à Lyon. Il n'y arriva pas en étranger ; Gilibert, Sainte-Marie, Ozanam, Viricel, dont il avait été le condisciple, l'accueillirent avec empressement. Justifiant les faveurs dont il était l'objet, il obtint dans un brillant concours la place de médecin de l'Hôtel-Dieu, fut institué médecin du collége royal (1). Par ses relations intimes avec le docteur Royer-Collard, inspecteur général de l'Université, il contribua puissamment à l'organisation de l'école secondaire de médecine dans notre ville (2). La chaire de clinique interne, sujet de son ambition, digne de son savoir, lui fut confiée par le Ministre, il l'occupa jusqu'en 1830 ; la

(1) Richard de Laprade devint bientôt après membre du jury médical, du Conseil de salubrité du département du Rhône , fonctions qu'il avait exercées déjà dans le département de la Loire, comme on a pu le voir dans une note qui précède.

(2) La municipalité de l'époque , le Conseil d'administration des hôpitaux, M. de Lacroix-Laval en particulier aidèrent, de toute leur autorité, à la fondation de l'école de médecine, devenue nécessaire afin de retenir dans notre ville un nombre d'élèves suffisant pour assurer le service des malades dans nos établissements d'assistance publique.

Révolution de Juillet vint l'arracher à l'enseignement, en même temps que Cayol et Récamier.

Rentrant dans les conditions modestes du simple praticien, en dehors de toute dignité officielle, comment a-t-il conservé parmi ses confrères, une autorité, une prépondérance, et dans le monde, une considération, un respect qui ne lui ont jamais fait défaut durant plus de trente années ?

L'explication de ce privilége la voici : il avait le rare bonheur de posséder une instruction vaste et solide, s'alliant à un cœur droit et indépendant.

Permettez-moi, Messieurs, afin de donner plus de poids à mes paroles, de les justifier par des preuves, c'est-à-dire d'exposer ses travaux et sa conduite.

De très-bonne heure, Richard de Laprade avait conquis un rang élevé dans la littérature médicale. En 1805, la Société de médecine de Bruxelles, ayant ouvert un concours sur cette question : *De l'influence de la nuit sur les maladies*, le prix avait été remporté par notre compatriote sur de nombreux compétiteurs (1).

« Ce mémoire est écrit avec une élégance, une pureté rare, (je cite le texte du rapport exprimant l'avis des juges), sa logique est pressante, sa marche est rapide ; il ne dit rien de trop, mais bien tout ce qui doit être dit. »

Une lecture attentive m'a fait partager cette opinion, émise il y a plus de cinquante ans, par le docteur Fournier. L'œuvre exige dès lors une mention spéciale.

Vous le savez, Messieurs, l'homme subit sans cesse l'action des éléments qui l'environnent : l'absence de la lumière qui entraîne la diminution de la chaleur, s'accompagne aussi d'une perturbation dans les phénomènes physiques et chimiques, dans les principes constituants ou accidentels de l'air.

_____

(1) Voir le Mémoire : « La nuit exerce-t-elle une influence sur les ma-
« lades ? Y a-t-il des maladies où cette influence est plus ou moins ma-

Ces changements réagissent d'une manière infaillible sur la santé comme sur la maladie. Tous les êtres organisés, vivants, les animaux et les plantes, s'étiolent dans l'ombre, n'ont plus que des fonctions affaiblies ou interverties. Partout, au contraire, où abonde la lumière, ce stimulant par excellence du principe de la vie, la force, l'excitation sont plus grandes (1).

Ce n'est pas le corps seul que la lumière, par sa présence ou son défaut, impressionne ou modifie ; elle agit également

« nifeste ? Quelle est la raison physique de cette influence ?... *Mémoire* « *qui a remporté le prix au jugement de la Société de médecine de Bruxelles,* « *par le Dr Richard de Laprade.* » (Bruxelles, 1806.)

Quatorze mémoires sur ce sujet étaient parvenus à la Société. Ce n'est pas une œuvre vulgaire que celle qui a triomphé dans un concours où le docteur piémontais Aymone, le docteur Murat, de Montpellier, avaient présenté des monographies importantes sur cette question neuve encore, qui n'avait été jusque là le sujet d'aucune étude spéciale de la part des auteurs. « Un esprit vraiment philosophique a présidé à sa composition, dit le rapport du docteur Fournier, il annonce un écrivain doué d'un génie peu ordinaire, très-versé dans tout ce qu'un habile médecin doit savoir. » Les remarques, les observations qui accompagnent le texte, ajoutent aussi à sa valeur, et méritent une mention particulière.

(1) On ne saurait trop insister sur ces questions qui ont été depuis ce temps, si habilement développées dans la plupart des traités d'hygiène publique, et qui ont exercé une si grande influence sur les améliorations qui se sont produites de nos jours. Ne sait-on pas que dans les villes, lorsque les rayons lumineux ne pénètrent qu'imparfaitement, que d'une manière oblique, réfléchis, réfractés à travers des vapeurs aqueuses, des corps étrangers, les habitants lymphatiques, dégénérés, se trouvent prédisposés à toutes les maladies asthéniques, ou frappés par elles ? Tandis que les moyens de destruction se multiplient, les forces pour leur résister diminuent. Lorsque la nuit est prolongée, pour apprécier son influence dissolvante et délétère, ses conséquences pernicieuses, on peut lire, dans les tristes récits de Silvio Pellico, de Maroncelli, les affections cruelles qu'ils ont contractées, les souffrances qu'ils ont subies, ainsi que leurs compagnons, dans les sombres profondeurs des cachots du Spielberg.

sur l'âme , sur les dispositions morales ; la nuit porte à la tristesse, à la crainte , à l'engourdissement. Des malades, des mélancoliques, deviennent sombres et languissants, dès que le soleil est obscurci par des nuages ; ils recouvrent leur gaîté et leur bien-être, sitôt que cet astre reparaît.

Après les développements généraux, l'auteur à la fois médecin, physicien et chimiste instruit , classe avec précision les maladies où l'influence de la nuit est manifeste, établit les cas dans lesquels cette influence est nuisible ou avantageuse, discute avec supériorité son origine et ses causes. Quels que soient les progrès à venir des sciences naturelles, cette belle dissertation sera toujours consultée avec intérêt.

Dans des conditions analogues, Richard de Laprade est couronné pour sa réponse à la question : *Quels sont les effets produits par les orages sur l'homme et sur les animaux* (1).

Si on se reporte au temps (1808), aux circonstances dans lesquelles a paru cet écrit, on est frappé des connaissances exactes qui s'y rencontrent. Malgré les nouveaux procédés d'investigation, les découvertes récentes dont la météorologie s'est enrichie, il y aurait peu de changements, peu de corrections à opérer, pour le mettre au niveau de la science moderne.

Reproduire à grands traits les principaux caractères des

(1) Voir le Mémoire sur la question proposée en ces termes par la Société de Bruxelles :

Quels sont les effets que produisent les orages sur l'homme et sur les animaux ? De quelle manière ces effets ont-ils lieu ? Quels sont les moyens de s'en garantir et de remédier aux désordres qu'ils occasionnent ?... par Richard de Laprade (Bruxelles, 1809).

Ce travail est remarquable non pas simplement par la manière dont il a été conçu et exécuté, mais encore par les savantes notes dont il est enrichi. Elles donnent une haute idée de l'érudition de l'auteur qui possédait des connaissances très-étendues en physique et en chimie.

orages , la tempête avec ses horreurs , retracer l'agitation ,
l'effroi , la stupeur qui s'emparent de tous les êtres à l'ap-
proche de ces bouleversements de la nature, ou pendant
leur explosion, était chose facile pour Richard, dont l'imagi-
nation et la mémoire étaient ornées des descriptions, des récits dus à Varron, Virgile, Pline et Lucrèce.

Dans les faits pathologiques , les désordres matériels ou
moraux, dans les exemples et les observations, les preuves
sont demandées tour à tour à l'histoire naturelle, à la médecine, à la philosophie.

Si le chapitre qui traite des moyens de se garantir des
orages et de remédier à leurs effets, est plus faible que les
autres , c'est en grande partie, au sujet même, qu'il faut
l'attribuer. Il concerne des phénomènes sur lesquels notre
empire est presque nul. L'expérience, les conjectures nous
font prévoir ou pressentir les événements, sans nous fournir
les moyens de les suspendre ou de les arrêter. S'il est,
dans certaines limites, possible de diminuer leur action,
nous ne saurions nous en préserver entièrement, parce que,
presque toujours, les causes, les signes, les effets sont confondus.

Les animaux se montrent plus sensibles que nous à ces
brusques variations atmosphériques , parce qu'ils obéissent
davantage aux déterminations instinctives. Virgile l'avait re-
marqué lorsqu'il a dit : « Ce n'est point par une science
venue d'en haut que les animaux pressentent les orages,
cela tient à ce que des qualités diverses de l'atmosphère
impriment des mouvements différents à leurs organes... » (1).

---

(1)   Haud equidem credo, quia sit divinitus illis
  Ingenium, aut rerum fato prudentia major.
  Verum ubi tempestas et cœli mobilis humor
  Mutavere vias, et Jupiter uvidus austris
  Densèt, erant quœ rara modo, et quœ densa relaxat ;

Dans ces heures de luttes entre les éléments, les hommes doués d'une grande mobilité nerveuse, sont fortement éprouvés : si un organe est plus délicat, plus faible, il souffre davantage ; les parties qui ont subi des opérations deviennent plus douloureuses ; on voit renaître les maladies sujettes à retour (1).

C'est à trois causes fondamentales, prochaines, que sont ici rapportées les perturbations qui se manifestent : à la pression ou à la raréfaction de l'air, à la chaleur humide, à l'électricité ; ces causes sont nettement établies et discutées en même temps que leur énergie, leur degré d'action, leurs effets simples ou combinés.

Ne pouvant reproduire tout ce que ce travail, riche de faits, renferme d'intéressant, je me contente d'appeler sur lui l'attention des hommes qui cultivent les sciences naturelles ou médicales.

> Vertuntur species animorum, et pectora motus
> Nunc alios, alios dum nubila ventus agebat,
> Concipiunt......
>
> > GEORG., livr. 1, vers. 415 et suiv.

> Non que du ciel en eux la sagesse immortelle
> D'un rayon prophétique ait mis quelque étincelle :
> L'instinct seul les éclaire ; et lorsque ces vapeurs
> D'où naissent tour à tour le froid et les chaleurs,
> Ou des vents inconstants lorsque l'humide haleine
> Change pour nous des cieux l'influence incertaine,
> Les êtres animés changent avec le temps.......
>
> > (Georg.), *traduct. de Delille.*

(1) C'est alors le plus ordinairement que se reproduisent les hémorrhagies, la migraine, l'asthme, d'autres affections nerveuses, le rhumatisme, la goutte, etc.

Un très-curieux mémoire a été composé sur ce sujet par le baron d'Hombres (Firmas) doct. ès-sciences, correspondant de l'Institut, (Nimes, 1838). Ce Mémoire a pour titre : *Essai sur les baromètres vivants.*

Malgré son importance, j'omettrais la *Monographie sur les fièvres graves, dites aujourd'hui typhoïdes*, qui ravagèrent en 1812 plusieurs communes du département de la Loire, si elle ne me conduisait à signaler un trait peu connu de la vie de notre confrère (1).

Médecin des épidémies, n'écoutant que son courage et son devoir, il va résolument s'établir au centre du foyer d'infection ; frappé à son tour, il se voit arrêté dans l'exercice de son ministère. Cette généreuse conduite lui vaut la reconnaissance des populations et les témoignages les plus flatteurs de l'autorité supérieure (2).

Comme de Laprade a toujours été dominé par ce principe : « mettre ses actes en parfaite harmonie avec ses sentiments, » il a semblé, a-t-on dit depuis longtemps, s'être peint lui-même dans *le Discours sur l'institution du médecin suivant Hippocrate*, discours prononcé en 1821, à l'ouverture de notre école de médecine (3).

Cette œuvre est, par la forme, comme par le fond, une des productions les plus pures, les plus sages de notre littérature médicale ; elle n'offre cependant rien de neuf, rien

(1) Outre la série de rapports adressés au préfet par Richard, médecin des épidémies, ce praticien a publié un mémoire dans lequel sont résumées toutes ses observations : *Histoire d'une épidémie de fièvres typhoïdes qui a régné, en 1812, dans les communes de Margerie, Soleymieux, Saint-Jean-de-Soleymieux et la Montagne-en-Lavieu, département de la Loire.*

(2) Le préfet du département de la Loire, M. Du Colombier, signala la conduite de Richard au ministre de l'Intérieur, et réclama pour lui la croix de la Légion-d'Honneur. Mais, les malheurs, les désastres du temps fixaient ailleurs l'attention du gouvernement, cette demande passa inaperçue.

(3) *Discours sur l'institution du médecin, suivant Hippocrate*, prononcé à l'ouverture solennelle de l'École de médecine, établie près les hôpitaux civils de Lyon, le 14 novembre 1821, par M. R. de Laprade, D. M. M., imprimé par ordre du Conseil d'administration des hôpitaux. (Lyon, imp. de Ballanche. 1822).

d'original, puisque c'est dans l'antiquité qu'a été puisé le modèle.

Jamais on n'a parlé plus dignement des qualités qu'on doit exiger du médecin, de son génie, de son éducation, de ses études.

C'est là que Richard révèle tout son amour, tout son respect pour la médecine, qu'il appelle avec Hippocrate : « *Omnium profecto artium nobilissima.* » C'est là qu'il donne libre essor à ses principes religieux, admettant, toujours avec le père de la médecine, l'intervention de la divinité dans la guérison des maladies (1).

Analyser un tel sujet serait le dépouiller de son charme, je me borne à signaler la manière brillante et heureuse dont fut inauguré l'enseignement clinique à Lyon.

Suivant les traditions de Fouquet, tous les ans, les cours de médecine étaient ouverts par une composition didactique qui servait d'introduction, de prolégomènes à la leçon faite au lit du malade. Cette coutume nous a valu, en 1826, le *Discours sur l'union des sciences médicales, et sur leur indépendance réciproque* (2).

(1). Plus d'une fois, j'ai entendu de Laprade lorsqu'on le félicitait dans le service de la clinique, d'un succès, d'une guérison, où il était impossible de nier l'heureuse influence de la médecine, répondre par les vers de son poète favori :

> Non hœc humanis opibus, non arte magistra
> Proveniunt, neque te, ænea, mea dextra servat :
> Major agit Deus.

Virgile, Énéide (liv. xii, vers 427)·

> Reconnaissez les dieux ; oui, croyez que ma main
> Ne fut que l'instrument d'un pouvoir plus qu'humain,
> Un Dieu seul a tout fait.

Énéide : (traduction de Delille).

(2) *Discours sur l'union des sciences médicales, et leur indépendance réciproque,* prononcé à l'ouverture des cours de l'école de médecine, éta-

C'est également une profession de foi, un programme, et une attaque ; il ne faut donc pas s'étonner de la polémique violente qu'il souleva.

Quelle que soit l'aridité des questions que je vais aborder, bien que pour un grand nombre de ceux qui m'écoutent, elles soient peut-être d'un faible intérêt, il m'est impossible de passer sous silence les doctrines, la philosophie médicale du docteur Richard de Laprade, puisque c'est d'elles principalement qu'il a tiré son élévation et sa force : comme elles ont occupé une très-large place dans ses études et dans ses travaux, je dois les formuler, en les résumant devant vous.

Les diverses parties dont se compose la médecine sont liées entre elles par une foule de rapports; toutefois, chacune a ses faits propres. Il n'est rationnel ni d'isoler, ni de confondre les sciences médicales ; elles s'éclairent mutuellement, sont tributaires et non corollaires les unes des autres. Ainsi, c'est une erreur de croire la médecine pratique sous la dépendance des autres branches ; elle existe par elle-même, repose sur des faits qui lui appartiennent en propre : *ces faits sont les maladies*.

Recherchant l'utilité, l'importance des principales divisions établies pour l'étude, Richard, afin de déterminer leur valeur respective et individuelle, s'efforce de fixer les limites de leur influence. L'anatomie la plus sévère ne conduit pas par une induction immédiate, à la physiologie ; on ne reconnaît les actions vitales et les fonctions des organes que par l'observation directe.

L'anatomie pathologique elle-même, qui a fourni des lu-

blic près les hôpitaux de Lyon, le 15 novembre 1826, par M. R. de Laprade, professeur de clinique.

Imprimé par ordre du conseil d'administration des hôpitaux.

(De l'imprimerie de L. Perrin, 1827)

mières si précieuses à la médecine pratique, ne montre le plus souvent que les produits de la maladie et les effets de la mort. Ainsi celui qui contemple un champ de bataille après le combat, ne voit que les tristes résultats de la guerre, sans pouvoir même en conjecturer les causes, ni se représenter l'ordre de la bataille et les circonstances de la lutte.

Poursuivant sa pensée, pour prouver que ce n'est pas dans le cadavre seul qu'il faut étudier la merveilleuse structure de l'homme, l'orateur termine par une figure dont on peut admirer l'éloquence, mais dont il est permis de contester la justesse. Tournant ses regards vers la contrée qui fut le berceau, le sol classique des arts et de la civilisation, qui ne présente aujourd'hui que la solitude du désert, et le silence de la mort, il se demande si, dans ces lieux, rien peut indiquer le mouvement, les richesses, la splendeur d'autrefois?

Ce sont les idées, souvent les paroles du professeur que je rapporte, je suis loin d'adopter toutes ses conclusions, ainsi qu'on le verra par mes remarques personnelles. En combattant des systèmes qu'il considérait comme faux ou dangereux, par intervalles, le but a été dépassé par lui ; il a exagéré, à mon avis, lorsqu'après avoir établi que, dans les altérations morbides, et dans les remèdes, il y a souvent quelque chose de spécifique dont la manière d'être est révélée par l'observation, il a soutenu que c'est à l'observation seule que la clinique a dû tous ses progrès.

L'étude de la physiologie porte l'auteur vers l'examen du système de Broussais, qui régnait alors presque sans partage. Il nie la possibilité d'arriver par cette voie à deviner, à connaître la pathologie. C'est là le point de départ de sa résistance, de ses attaques contre la théorie de l'irritation. Cette lutte, cette controverse qui aujourd'hui nous laissent bien calmes, bien indifférents, agitaient, à l'époque, la mé-

decine entière, ébranlée dans ses antiques croyances, menacée d'être précipitée dans une fausse route. L'opposition
vigoureuse et raisonnée de notre maître sera toujours pour
lui un titre à notre reconnaissance, et un honneur incontestable.

Au milieu de l'enthousiasme général, il fallait une conviction, une hardiesse à toute épreuve, pour lutter contre un
système qui, sous prétexte de simplifier la pathologie, la ré-
duisait à mesurer l'irritation, à chercher son siége, ordinairement facile à trouver. Cette polémique, cet exemple ont
rendu un éminent service à la médecine lyonnaise, qui a été
maintenue dans les sages limites de la vérité; ils ont gran-
dement contribué à préserver la jeunesse de notre école
des séduisantes erreurs qui, au dehors, rencontraient de si
nombreux adeptes. Du haut de sa chaire, au nom de la saine
pratique, Richard de Laprade ne se lassait pas de protester.

Un jour, Casimir Broussais vient l'entendre, il reconnaît
le rude antagoniste que son père, depuis longtemps, avait
bien jugé et ne traitait pas en ennemi vulgaire, ainsi que le
prouve une lettre curieuse, dans laquelle le fougueux Broussais abandonnant ses formes, ses violences habituelles, at-
tire, caresse doucement le professeur lyonnais, lui demande
non pas grâce, mais trève jusqu'à ce que la lumière lui soit
venue.

« Vous ne partagez pas mes opinions, lui écrit-il, vous avez
agi en homme franc et honnête en le témoignant. Cela me
prouve que si vous pouviez être témoin des faits et des expériences sur lesquelles repose la doctrine physiologique, et
entendre les raisonnements dont elle est étayée, vous vous
rendriez de bonne foi. Croyez que ce qui est entrepris aujourd'hui pour le soutien et la propagation de cette doctrine,
n'est dicté ni par un aveugle enthousiasme, ni par aucun
motif dont ses partisans aient à rougir. Si vous en doutez

encore, la suite vous le prouvera ; vous reconnaîtrez peut-
être vous-même qu'il est impossible à un bon esprit, à un
cœur droit, à un philanthrope de ne pas se passionner pour
la vérité. C'est un fait que j'ai constaté sur plusieurs cen-
taines de médecins avec qui j'ai eu des rapports particuliers. Ces succès tiennent uniquement à la nature de la
chose, on ne doit pas croire à la possibilité d'un tel prodige
de la part d'un homme simple et dont tout le talent se ré-
duit à dire avec franchise, sans aucune préparation oratoire,
ce qui lui paraît vrai. Ce n'est pas ma faible voix qui fait des
disciples, ce sont des expériences faciles, que tous les té-
moins peuvent répéter à chaque instant. Ceux qui refuse-
ront de se rendre à l'évidence n'empêcheront pas la marche
du siècle, et resteront isolés au milieu des débris de l'anti-
que édifice de l'erreur que leurs efforts ne parviendront
point à relever. J'en appelle au temps qui seul a le privilége
de faire triompher les vérités de tout genre... »

L'appel au temps de Broussais a été entendu : la doctrine
physiologique est morte, non pas toute entière, mais dans
ses exagérations et ses erreurs ; elle a laissé d'excellentes
traces de son passage, que ses adversaires sont les premiers
à proclamer (1).

Quels étaient donc, Messieurs, les principes qui inspi-
raient de Laprade ?... C'est pour la médecine hippocratique
qu'il combattait, pour cette médecine qui rapproche, compare

---

(1) Voir le *Compte-rendu des travaux de la Société de médecine de Lyon*
(années 1818, 1819, 1820), par M. R. de Laprade, secrétaire de la société
de médecine.

(A Lyon, de l'imprimerie de Ve Cutty, 1821.)

Dans cet écrit Richard combat avec énergie la doctrine physiologique,
mais il n'hésite pas, en même temps, à constater, à développer les avantages que la médecine doit en retirer. Dans ses cours, il émettait des
opinions identiques, toutes les fois que l'occasion venait s'offrir.

les faits afin d'en exprimer les rapports, qui s'attache avant tout à distinguer les maladies par leurs caractères essentiels, à prévoir les événements par les signes, qui éclaire l'examen direct des choses présentes par l'étude du passé, et dont la thérapeutique est basée sur la marche que suit la nature.

Possédant la méthode philosophique à un degré remarquable, Richard montrait cet esprit de réflexion qui, partout, dans les faits particuliers, cherche et applique les lois générales. C'est en s'appuyant sur les doctrines de Montpellier qu'il avait repoussé la doctrine physiologique entachée, à ses yeux, de matérialisme, parce qu'elle ne voyait dans la machine humaine que des instruments isolés, qu'elle négligeait ce majestueux ensemble, cette admirable harmonie, ce consentement unanime, cette conspiration des organes qui fait un seul tout des diverses parties.

Vous avez entendu sur *l'Animisme et le vitalisme* le dernier travail de notre collègue répondant à la savante dissertation de M. Bouillier sur l'*Unité de l'âme pensante et du principe vital*. Ces quelques pages d'un vieillard octogénaire ont démontré qu'il n'avait rien oublié, rien perdu de sa logique et de sa verve. (1).

Il n'admet pas avec Stahl et Bordeu que l'âme préside à tous les phénomènes de la vie, quels qu'ils soient. Disciple de Barthez, dans sa conviction, l'âme n'a en partage que les phénomènes intellectuels et moraux ; pour expliquer les autres, il admet une force inconnue dans son essence qu'il ne discute point ; sous sa dépendance s'accomplissent les actes corporels ; elle est désignée, sous le nom de *force vitale*. Le mot *principe vital* n'est qu'un terme abstrait, destiné à retracer d'une manière analytique, abré-

----

(1) Ce travail est inséré dans *les Mémoires de l'Académie impériale* des sciences, belles-lettres et arts de Lyon.

                              (T. IX. 1860-1861).

gée, les rapports généraux qui existent entre les phénomènes de l'économie animale, à exprimer les analogies, les
points de rapprochement qui les unissent ; c'est donc une
simple abstraction qui n'a d'autre valeur que celle qui ré-
sulte des phénomènes eux-mêmes ; elle n'a la prétention de
rien expliquer.

N'importe le nom qu'on lui donne, dans ces conditions, il
est impossible de nier le vitalisme ; il indique la différence
qui sépare la matière inanimée des corps vivants, représente
la force qui fait concourir au même but les organes et les
fonctions.

Certains hommes ont accordé une trop large part à la
nature morte, aux sciences physiques et chimiques, pour
arriver à se rendre compte des actes de la vie ; les dernières
discussions à l'Académie impériale de médecine en ont
fourni la preuve. D'autres, tombant dans l'excès contraire,
dédaignant l'esprit rigoureux de la méthode analytique, ont
trop laissé de côté les données de l'expérience, ou plutôt de
l'expérimentation. Les idées émises à cet égard par de Laprade sont tellement tranchées qu'elles paraissent autoriser
quelques-unes des accusations qui pèsent sur le vitalisme.
Si jusqu'ici on ne peut que s'incliner devant les causes premières des actes vitaux, on doit en rechercher le mécanisme
aussi bien que les lois qui président à l'accomplissement des
fonctions. Ce sont les aspirations, les tendances de notre
âge ; gardons-nous de les réprimer, comme se montrent
disposés à le faire ceux qui, après avoir admis des *causes
occultes,* les posent fatalement comme le dernier terme de la
question. Les sciences modernes ne sauraient, comme autrefois, se résumer en des théories abstraites : elles aspi-
rent à entrer dans la voie féconde de l'application. Grâce à
l'impulsion donnée par l'esprit de notre époque, de savantes
et utiles recherches révèleront de nouvelles lois de la ma-

tière, de nouveaux secrets de la nature. Les phénomènes vitaux, sans doute, sont plus complexes, plus variables que les lois de la physique et de la chimie ; ce n'est point une preuve que les forces sont différentes, et encore moins opposées dans les corps vivants et dans les êtres inorganiques. Mais, si par l'expérimentation, on parvient à découvrir bien des faits encore inexpliqués, il est trop probable que, dans les régions de la vie elle-même, il en restera d'autres que la science n'atteindra jamais sans usurpation.

Il n'entre point dans ma pensée de contrôler, devant vous, toutes les publications de Richard (1), je me contente d'exprimer le vœu de les voir réunies dans un corps d'ouvrage avec quelques-uns de ses écrits inédits; ce serait là un monument honorable et pour sa mémoire et pour la médecine lyonnaise.

La réputation du professeur est éphémère, s'il n'expose que d'une manière fugitive, dans ses cours, ses pensées et ses doctrines. Richard l'avait compris ; aussi, bien qu'il aimât mieux lire, méditer que composer et écrire, il se préparait à imprimer ses leçons, lorsque privé inopinément de sa chaire, ce projet fut abandonné par lui. Son *Essai sur les études médicales*, son *Introduction à la médecine clinique*, ses *Éléments de pathologie générale*, sa *Médecine clinique*, observations recueillies à l'Hôtel-Dieu de 1816 à 1830, sont dès

(1) Notre collègue a disséminé dans les journaux de médecine de nombreux mémoires ou articles qui, pour la plupart, ont plus d'intérêt ou d'importance que n'en présentent ordinairement les productions de cette nature. Nous citerons entre autres : L'*introduction* placée en tête du journal de médecine de Lyon, publié par notre Société de médecine ; *un Mémoire sur le traitement du rhumatisme par le tartre stibié à haute dose*. (Le remède a été porté jusqu'à 20 grains en 24 heures); un fragment de philosophie médicale, ayant pour titre : *Ebauche d'une leçon sur la nature des maladies*.

lors restés en manuscrits (1). Sévère vis-à-vis d'eux, comme vis-à-vis de lui-même, il les condamna, suivant ses propres expressions, *emendaturis ignibus* : bien différent de ceux qui craignant de perdre ce que le public ne leur eût jamais demandé, se montrent si empressés de nous mettre dans la confidence de leurs travaux.

Ayant adopté pour règle cet aphorisme : « l'art est d'autant plus certain que la science est plus parfaite », il voulait maintenir cette science dans une sphère élevée pour lui donner une direction plus sûre, la placer en dehors de la routine, des hasards de l'expérience, *sortes experimenti*, a dit Bacon. Il répétait ici les paroles d'Aristote : En médecine comme en toute chose, le *hasard est sans yeux, sans jugement, sans prudence.*

Afin de paraître original ou indépendant, il ne cherchait point à dégager, isoler son individualité : loin de là, il était fier d'être confondu avec ses maîtres ; il revenait sans cesse à Hippocrate, dont, comme Fouquet et Chaussier, il ne prononçait le nom qu'avec une vénération religieuse. Par ses dispositions naturelles, il faut l'avouer, il s'est toujours montré plus enclin à l'étude qu'à la pratique médicale ; ces tendan-

(1) Les archives de l'Académie de Lyon possèdent une partie de ces travaux. On peut y consulter : 1º L'*Essai sur les études médicales ;* 2º L'*Introduction à la médecine clinique,* contenant les leçons de Richard, sur l'histoire des institutions cliniques, l'observation et l'expérience, l'art d'examiner les maladies, la *séméiotique,* l'anatomie pathologique, l'art d'écrire les histoires de maladies, et l'histoire elle-même des maladies. 3º Les *Eléments de pathologie et de thérapeutique générales.* L'auteur y présente, avec des modifications et des développements importants, la doctrine des éléments pathologiques, indiquée par Galien, et constituée par l'école de Montpellier : on rencontre dans cet écrit de hautes considérations philosophiques, en même temps que des applications de la doctrine de Barthez, sur les méthodes curatives, sur le traitement des maladies etc., etc.

ces ne pouvaient moins faire que d'influer sur sa conduite.

Quoique sa science eut été soumise à la difficile épreuve de l'enseignement clinique, jamais il n'a joui, dans notre ville, de cette faveur qui s'accorde souvent aux empyriques les plus vulgaires ; ce fait ne saurait vous surprendre. N'est-ce pas la mode, le caprice, trop fréquemment, qui président aux succès ou qui les grossissent, l'ignorance qui les mesure ou les apprécie, l'ingratitude même qui les obscurcit ou les cache ?... Ne voit-on pas, tous les jours, la confiance s'attacher aux recettes d'une femme, lorsqu'elle est refusée àux conseils des hommes les plus expérimentés ? N'est-ce pas ce public, ami du merveilleux, ne raisonnant plus lorsque la santé ou la vie sont en cause, qui craint, dans les actes les plus ordinaires, où le seul bon sens devrait le guider, de prendre une détermination sans recourir à la décision des juges ?...

Pour réussir, de Laprade n'avait que son mérite, il manquait d'art et de savoir faire, ce qui, aux yeux de beaucoup de gens, est le plus grand de tous les torts. Aussi la foule ne lui a-t-elle pas accordé plus de renom qu'il n'en cherchait auprès d'elle. En revanche, il a possédé la considération légitime que les hommes d'élite ne refusent jamais à l'esprit et à la science.

Ses titres incontestables lui avaient ouvert de bonne heure les portes de la Société de médecine : honoré de la présidence, il rendit des services vivants encore dans nos souvenirs, enregistrés dans nos annales. Son avis était attendu, écouté avec respect dans toutes les questions de principes, de dignité professionnelle. Dans la polémique, dans ses rapports sur le *magnétisme*, sur l'*homeopathie*, sur la *responsabilité médicale*, dans bien d'autres circonstances solennelles, nous avons admiré son langage pénétrant, sa dialectique serrée venant affermir encore la puissance de ses doctrines, la justesse de ses opinions (1).

(1) V. le *Rapport sur une question de responsabilité médicale* (Lyon, 1837).

Le déplorable procès de M. Thouret-Noroy avait donné lieu à de scandaleux débats, à des discussions lumineuses, à un arrêt de la Cour de cassation, lorsque le docteur Briard, de Montbrison, pria la Société de donner son avis sur un procès qui lui était intenté par un malade qui attribuait des accidents graves à une lourde faute et à la négligence de ce chirurgien. Cette question a fourni au docteur de Laprade le sujet d'un mémoire où envisageant la question sous son point de vue le plus élevé, il entre dans des considérations sur la loi, sur la compétence des juges, les prétentions émises, la capacité légale, le degré de responsabilité, qui font de ce travail un des plus complets et des plus remarquables qui aient paru sur cette matière. Il démontre que les hommes les plus éclairés, pas plus que le stupide vulgaire, ne comprennent rien à la médecine : *Cœteri homines nil in nostrâ arte sapiunt.* Voilà ce qui explique tant de jugements téméraires et de réputations usurpées. Cette savante et judicieuse dissertation sera toujours consultée avec fruit. La sagesse des principes, la logique des raisonnements y sont incontestables.

Voir le *Rapport sur un arrêté du conseil général des hopitaux de Lyon, relatif au service médical.* (Lyon, 1842).

R. de Laprade s'élève avec force contre un arrêté du Conseil d'après lequel les malades atteints d'hydrophobie devaient être traités par des remèdes secrets ou par des procédés empiriques, à l'exclusion des méthodes rationnelles. Le traitement devrait être confié à des hommes étrangers au service médical des hôpitaux, et avoir lieu hors de la présence des médecins de l'Hôtel-Dieu. Il prouve que l'administration s'est immiscée illégalement dans l'exercice de la médecine, a commis un acte d'usurpation sur les droits des médecins des hôpitaux, et porté une atteinte grave à la dignité, à l'indépendance de la profession.

En 1843, notre confrère a publié un second *Rapport sur un cas d'hydrophobie,* suivi d'une *instruction* sur les mesures à prendre lorsqu'o . a été mordu par un animal suspect.

Dans la neuvième session du congrès scientifique de France, tenue à Lyon, en 1841, les médecins homœopathes Dessaix, Rapou, Béchet d'Avignon avaient soutenu la doctrine d'Hahnemann par de nombreux et longs mémoires, par des arguments préparés à l'avance, et chaleureusement exprimés : c'est le docteur Richard de Laprade qui fut chargé, par sa froide et

Mais, pourquoi, Messieurs, rappeler devant cette assemblée, sa manière de s'exprimer franche et vive, éloquente même, dans les débats animés?... Ces qualités, vous les avez connues : n'a-t-il pas été durant près de 50 ans, membre de l'Académie, l'un de ses coopérateurs les plus éclairés (1)? Vous avez apprécié cette harmonie, cet équilibre des facultés

sévère raison, de réduire à leur juste valeur les doctrines et les faits énoncés. L'impression qu'il fit sur l'auditoire par son érudition, par sa critique acérée, par sa discussion vigoureuse, a été un de ses plus légitimes triomphes : il termina cette éloquente leçon, qui pour nous est restée un modèle de polémique, et une preuve de sa vaste science, par ce trait : *medicina homœopathica a priori ergo absurda, a posteriori ergo impossibilis.*

(1) Une seule question, prise au hasard, va le prouver. Avant de présenter l'admirable organisation qu'elle a reçue, grâce au dévouement et à la science pratique du professeur Tabareau, l'école de la Martinière a été, au sein de l'Académie, le sujet de longues et vives discussions. Par son testament, le major-général Martin avait chargé la Compagnie de donner le plan et les règlements de cette institution. Des difficultés sans nombre se sont offertes ou ont été soulevées. Le docteur Richard de Laprade a pris une part très active à cette polémique : sans système arrêté d'avance, guidé par le seul sentiment du bien public, il l'était aussi par le désir de maintenir, de conserver intacts les droits de l'Académie, les prérogatives dues à la volonté, clairement exprimée, du donateur.

Notre collègue a publié divers écrits dans lesquels domine la pensée de soutenir l'indépendance et la dignité de l'Académie vis-à-vis l'autorité administrative, qui, suivant lui, empiétait sur les pouvoirs de la Compagnie, et ne tenait pas assez compte du texte sur lequel ils reposaient. On trouve la preuve de ce que j'avance, et de la noblesse de ses intentions : 1° dans *le Rapport du 5 juillet* 1836 ; 2° dans la réponse : *Observations de l'Académie sur le mémoire publié au nom de la Commission exécutive de la Martinière ;* 3° dans les *Observations d'un académicien sur la deuxième partie d'un mémoire publié par la Commission exécutive de la Martinière ;* 4° dans les nombreux articles insérés dans le journal de Lyon *le Réparateur,* à la fondation duquel de Laprade avait contribué.

Toutes ces pièces méritent d'être mentionnées ; elles intéressent l'histoire de la fondation de la Martinière, et montrent la sollicitude de l'Académie pour le bien, pour le succès de l'école.

qui le portait à voir, à décider, à conclure avec un à propos, une convenance parfaite.

Si les lettres n'ont pas été cultivées par lui comme une carrière, il s'y est livré pour atteindre leur double but : agrandir et charmer l'intelligence. Entré à fond dans la littérature latine, il avait puisé largement aux sources fécondes de l'antiquité ; les poésies d'Horace, de Virgile, de Lucrèce et de Juvénal lui étaient familières, il les savait par cœur, les récitait avec enthousiasme.

Lorsqu'un ministre, dans son désir d'innover, ne craignant pas d'abaisser le niveau des études (1), voulut supprimer le baccalauréat ès-lettres pour les médecins, vous entendîtes, Messieurs, la voix d'Amédée Bonnet protester contre cette mesure dans son mémoire concernant l'*Influence des lettres et des sciences sur l'éducation.*

Il ne pouvait mieux faire, et en temps plus opportun, que de répéter ce qui avait été dit par de Laprade sur l'étude des lettres, indispensable à celle des sciences, parce que seule elle est apte à donner aux facultés morales tous les développements dont elles sont susceptibles (2).

Cette vérité fondamentale n'a-t-elle pas été exprimée à toutes les époques, par tous nos grands maîtres ?... Hippocrate qui, pour se former à l'éloquence, avait pris des leçons de Gorgias, le plus fameux rhéteur de la Grèce, prescrit d'apprendre la littérature avant les sciences naturelles, le médecin devant être également médecin et philosophe.

(1) Voir le rapport de M. Fortoul. ministre de l'instruction publique, et le décret sur la bifurcation des études, divisées en classes des belles-lettres et classes des sciences. L'expérience a fait heureusement modifier ce qu'il y avait de trop absolu dans ce système d'organisation.

(2) Voir 1° le *Discours sur l'institution du médecin suivant Hippocrate.*

2° le *Compte rendu des travaux de l'Académie royale des sciences, belles-lettres et arts de Lyon,* par le docteur Richard de Laprade, président (année 1823.)

Lordat, dans ses *Conseils sur la manière d'étudier la physiologie de l'homme*, commente cette phrase de Labruyère : « Si certains hommes ne vont pas dans le bien jusqu'où ils pourraient aller, c'est par le vice de leur première instruction. »

Quelque juste que soit cette maxime en morale, elle l'est peut-être encore plus dans les sciences ; des premières idées dépendent les progrès qu'on y peut faire ; elle y est surtout d'une application plus générale et ne regarde pas seulement *certains hommes*, parce que le génie qui, dans ce cas, peut tenir lieu de la première instruction ou même la corriger, est beaucoup plus rare que la conscience, qui peut y suppléer dans l'autre.

La variété, la maturité de ses connaissances avaient conquis, assuré à de Laprade une position considérable dans nos assemblées. Mais, *ce qui fait l'autorité de la parole*, a dit un auteur célèbre, *c'est la sincérité du caractère*. Cette qualité, Messieurs, a été le cachet distinctif de notre collègue, qui plaçait la vertu avant la science, les actions honnêtes avant les belles paroles.

Il appartenait à cette race d'hommes dont il est plus facile de médire que de suivre ou d'imiter les exemples, et dont il est glorieux, même pour ceux qui n'ont pas partagé leurs doctrines, de conserver le souvenir.

Lorsque la révolution de juillet 1830 change l'ordre politique en France, Richard, attaché de cœur à la Restauration, et qui n'est pas de ceux qui se sont engagés à demi, reste fidèle à ses affections et à ses principes, qui ne font qu'un.

Pour lui, la légitimité ne se résume pas dans l'avantage d'une famille et les priviléges de quelques-uns : s'il ne croit pas au droit divin, il croit à la nécessité de la dynastie comme sauvegarde de la prospérité et du repos national.

C'est ainsi que, selon ses idées, le droit et la patrie sont incarnés en une seule famille : la force de ses affections l'empêche d'admettre que le pays est libre de choisir la forme de son gouvernement. Mais, esprit libéral, ennemi de l'arbitraire, en échange de son dévoûment sans bornes, il réclame la pratique des grands principes de liberté, sans lesquels il n'y a ni dignité pour le citoyen, ni véritable grandeur pour le pays.

Dans deux occasions mémorables, vous avez eu la preuve de ces généreux sentiments. En 1827, le ministre de la justice, comte de Peyronnet, présente aux Chambres une loi contre la liberté de la presse ; cette nouvelle excite une émotion, des craintes générales que l'Académie de Lyon partage. Forte de son indépendance plutôt que de ses lettres-patentes et de ses priviléges, elle adresse, avant même l'Académie française, une supplique au roi pour le prier de retirer un projet qui atteint les sciences, les lettres et les arts. Au premier rang, parmi les signatures de Prunelle, Gilibert, Sainte-Marie, Bredin et Dumas, on lit le nom de Richard de Laprade (1).

En avril 1830, le duc d'Angoulême allant assister au départ de l'armée qui doit conquérir l'Algérie, Richard, alors président de l'Académie, a l'honneur de le complimenter à son passage. Dans son discours, il énumère, parmi les titres les plus glorieux des Bourbons, *les franchises municipales*; *la Charte, les libertés accordées au pays, sont à ses yeux les bases les plus solides de la légitimité* (2).

(1) Ici encore l'indépendance, le libéralisme de Richard se montrèrent dans toute leur force ; il ne craignit pas de se mettre en opposition avec les autorités du temps, il n'hésita pas à se séparer de ses amis qui reculèrent devant cette démonstration de l'Académie.

Voir *l'Histoire de l'Académie royale des sciences, belles-lettres et arts de Lyon, par J. B. Dumas, secrétaire perpétuel* (Lyon 1840.)

(2) Hist. de l'Académie, par Dumas.

Quelques mois plus tard, à la chute de la Restauration, notre collègue refuse le serment au pouvoir qui surgit. Se respectant trop pour voyager d'un parti à l'autre et se ranger du côté du plus fort, il donne sa démission de professeur à l'École de médecine, de médecin du Collége Royal. Il a fallu du courage, on ne saurait le nier, pour renoncer à des places nécessaires à sa modeste aisance, qui l'aidaient à élever sa famille, étaient la juste récompense de ses travaux et de ses services. Mais, ayant vécu dans l'indifférence de la fortune, que lui importe la voix de ses intérêts? il suit la ligne droite; sa conduite est sans variations.

Pouvions-nous ne pas rendre hommage à cette probité inflexible, à ce désintéressement exceptionnel d'un homme perdu dans la foule, lorsque nous savions que, durant les jours, meilleurs pour lui, il avait négligé les occasions favorables de tirer parti des évènements et de la situation, de profiter du crédit dont il jouissait auprès des grands?

Au milieu de cette fièvre de luxe, d'ambition, de besoins matériels qui dévore notre société, que dira le monde, d'un sage qui a pensé devoir faire un autre emploi de son intelligence et de son temps que de courir après la richesse?....

Pour nous qui l'avons suivi dans la retraite, nous le représenterons tel qu'il nous a paru. Simple, inébranlable dans ses convictions, ayant plié sous le vent de la fortune, sans être abattu par elle, content du peu qu'il avait et surtout de son indépendance, caressant le bonheur, si peu envié, de vivre dans la médiocrité; il avait compris la valeur de cette sentence du philosophe ancien : «celui qui sans trouver sa position délicieuse, y rencontre le calme et la paix, doit se croire mieux traité par le sort que la condition humaine ne permettait de l'espérer.»

Observateur attentif, mais non impassible, il suivait le

mouvement, qui, pour lui, n'était pas le progrès. La résignation ne l'avait pas amené à subir sans douleur des changements en opposition, avec tous ses principes. Ses regrets du moins n'étaient pas ceux d'une âme vulgaire.

Pensant librement, il parlait avec franchise ; la fermeté de ses croyances dictait la vivacité de son langage ; modéré dans ses intentions et dans ses actes, ses paroles étaient ardentes parce qu'en politique comme en médecine, il était pénétré de ce qu'il enseignait, de ce qu'il pratiquait. Ami de cette liberté calme et décente, dont celui qui n'abuse pas ne peut consentir à être privé, il redoutait, répétait-il, le délire de la liberté, le despotisme de la foule qui, sans les absoudre, provoquent souvent les réactions contraires.

Je le vois encore durant les temps de désordre, d'agitation populaires qui ont attristé ses dernières années, me tendre sa main amicale, m'aborder avec le vers de Catulle :

O seclum inficiens et inficetum !....

Le souvenir des épreuves, des tribulations qui avaient assailli sa jeunesse, venait le troubler, l'empêchait de comprendre notre époque, la lutte engagée entre l'esprit ancien et l'esprit nouveau, entre le passé et l'avenir. N'étant point indifférent, comment s'étonner qu'il ne fût pas toujours impartial ?.....

Ses jugements étaient absolus et rigoureux, il parlait sans ménagement de ces hommes qui, après avoir professé un violent amour pour la liberté, se montraient si faciles à la sacrifier. Il lui était permis de répondre hardiment, avec le philosophe de l'antiquité, à ceux dont ses dispositions ou ses paroles pouvaient froisser les susceptibilités ou les sentiments : « Je suis honnête homme, je ne saurais vous craindre jamais. »

Parfois, il manquait peut-être de ces formes douces et conciliantes qui, sans blesser la vérité, sont capables de mieux assurer son empire. Sans doute, il pouvait y avoir des erreurs dans ses sentiments et ses opinions, mais ces erreurs étaient constamment basées sur les éléments les plus respectables. Si un des tristes fruits de la vieillesse est de nous dévoiler les travers, les vices des hommes, l'expérience, sa compagne ordinaire, ne doit-elle pas nous apprendre à être tolérants pour leurs faiblesses?.....

Quoi qu'il en soit, sa manière d'être et d'agir ne surprendra point ceux qui ont des convictions politiques, qui sentent par quelles profondes et vivaces racines elles tiennent au cœur : ceux-là aussi comprendront l'amertume de ses déceptions et de ses regrets.

En toute circonstance, sa loyale nature le portait à étaler les impressions de son âme : ne manquant ni d'indulgence ni de douceur dans les conditions journalières de la vie, il se plaisait à faire usage de l'ironie socratique, incisive, pour tenir ses auditeurs en haleine et fixer leur attention. Il savait tirer de grands avantages de cette arme délicate à manier ; ses critiques acerbes de prime-abord, furent toujours les seules vengeances qu'il se permit. Pour qui le voyait dans l'intimité, son commerce était plein de charmes. Dans une société choisie, s'abandonnant aux causeries de salon, les lettres, les sciences, les passions politiques, les discussions religieuses donnaient à ses entretiens une variété, un attrait indicibles. Son goût fin et délicat en toute chose, faisait autorité dans les questions les plus dissemblables.

Curieux des petits mystères du monde, des mobiles secrets, il aimait ces détails, futiles en apparence, ces particularités, ces anecdotes légères, dédaignées aujourd'hui, que l'affectation du sérieux et du positif est à la mode.

C'est dans le cercle de quelques disciples de prédilection que ce laisser-aller, ces confidences caustiques et familières lui offraient encore un moyen ingénieux de chercher et de dire la vérité, de s'expliquer sur les hommes et sur leurs actes, sur le bien comme sur le mal. Il semblait prendre à tâche de justifier le propos de Grimm : « *tout se sait ou tout se dit en France, surtout quand on n'a pas la liberté d'écrire* (1). »

Cette tournure d'esprit, ces délassements passagers, ne compromettaient en aucune façon la gravité de sa personne et de ses habitudes. La gaieté, la verve, si rares chez les vieillards, ont le prix des fleurs qui viennent récréer nos sens au milieu de l'hiver.

Ce que l'on connaît de ses principes et de son caractère, indique d'avance les amis qu'il avait choisis, le dévouement dont il était susceptible.

Peut-il m'être donné une occasion plus favorable pour parler de l'amitié qui l'avait attaché, dès sa première jeunesse, à un homme éminent pour lequel il fut heureux de provoquer de votre part une manifestation de haute sympathie?

Je remonte à 1830 ; au milieu du calme qui protége vos séances, les bruits extérieurs arrivent jusqu'à vous ; l'Académie, étrangère à la politique, ne peut l'être à la voix de l'humanité; elle entend les cris qui s'élèvent contre l'un de ses membres, M. de Chantelauze qui, ayant eu le malheur d'être ministre, était traduit devant la chambre des pairs. Richard de Laprade réclame en faveur d'un accusé qui appartient à votre compagnie, il rappelle en un digne langage les services que ce magistrat a rendus par son impartialité, sa modération, et sa sagesse, puis il termine par cette phrase : « l'Académie de Lyon donna, en d'autre temps, des preuves de son dévouement aux libertés publiques ; elle ose espérer aujourd'hui que le témoignage d'intérêt qu'elle donne à un homme qui mérita toute son estime, sera de quelque

____

(1) Grimm : *Correspondance*. (Edition Taschereau, 1829.)

poids aux yeux de la noble cour qui doit le juger (1). »

L'Adresse proposée par de Laprade fut signée par tous ; et l'habile défenseur de Chantelauze, devenu depuis lors l'un des vôtres, (2) puisa peut-être dans cette démarche, un appui, une force nouvelle.

Là ne s'est pas arrêté notre collègue ; courtisan de l'infortune, toutes les années, il s'imposait un pénible pèlerinage au fort de Ham dont son amitié persévérante ouvrait les portes. Durant de longues heures, il venait adoucir les angoisses, les souffrances physiques et morales du prisonnier d'état. Pour oublier le présent, ensemble ils remontaient vers le passé, ce temps si doux où touts deux, au début de la carrière, se préparaient par de fortes études à prendre rang dans le monde, où Richard plus avancé en âge, plus lettré, enseignait à son compagnon la littérature et la philosophie qui devaient être leur consolation dans le malheur (3).

---

(1) *Histoire de l'Académie des sciences, belles-lettres et arts de Lyon*, par *Dumas*, déjà citée.

(2) M. Sauzet qui, dans le cours même de l'année 1831, fut nommé membre titulaire de l'Académie de Lyon, dont, pour la troisième fois, il est aujourd'hui président.

(3) Un de ces voyages au fort de Ham, s'accomplit dans des circonstances qui demandent à être rapportées : le choléra-morbus sévissait sur une grande partie de la France ; notre ville était menacée de ce fléau. Des mesures sanitaires étaient prises à l'avance, des commissions étaient formées, lorsque Richard apprend que de Chantelauze très-gravement malade réclame sa présence et ses soins. Pour la première fois, il hésite : son devoir le retient au milieu de ses compatriotes, il craint d'être absent à l'heure du danger, d'abandonner un poste où il peut être utile : ce n'est qu'après un combat, une lutte intérieure cruelle pour lui, que le sentiment de l'amitié l'emporte, qu'il se résigne à partir. Il ne fallut rien moins que l'affection dévouée qu'il portait à la souffrance et au malheur pour le décider à ce sacrifice.

Ce pieux devoir rempli, notre collègue rentrait au milieu des siens, plus fort, plus sûr de lui-même pour les guider et pour les instruire.

Dans notre ville, dans son intérieur, il rencontrait d'amples compensations à ses tristesses, et à ses sujets de découragement. Il avait en partage les sources du bonheur véritable, une réputation pure et sans tache, la faveur, ou plutôt le respect général, une vie de famille pleine de tendresse et d'union ; le ciel lui avait accordé plus encore, un fils digne de lui.

La gloire dont tant d'autres sont avides, jamais Richard ne l'avait poursuivie; elle est venue à lui par l'héritier de son nom, dont il avait formé l'âme, auquel il avait appris à penser noblement, à ne puiser ses inspirations que dans sa conscience, à vivre pour la science et les lettres, jouissances, richesses inattaquables, qu'aucun pouvoir ne saurait nous enlever.

Combien son cœur paternel a été payé de ses sacrifices, de ses peines, le jour où remerciant les collègues de son fils, nouvellement élu à l'Académie française, il reçut cette réponse du secrétaire perpétuel, de Villemain : « Les enfants sont la moisson des pères, l'Académie se félicite de recueillir ce que vous avez semé (1). »

La joie qu'il ressentit a fait explosion devant vous ; vous fêtiez le bonheur du père et du fils confondus dans votre affection et dans votre estime ; pour répondre à vos félicitations, de Laprade emprunte ses accents de reconnaissance au cantique du vieillard Siméon.

______

(1) Ce trait est emprunté textuellement au chaleureux discours prononcé sur la tombe du docteur Richard de Laprade par notre collègue à l'Académie, M. Léopold de Gaillard, le tenant de M. R. de Laprade lui-même, qui ne le répétait qu'avec une émotion profonde, et le conservait comme le plus doux souvenir de son dernier voyage dans la capitale

Je m'arrête ; mes faibles paroles pourraient-elles vous intéresser encore, vous dont la mémoire et le cœur ont retenu
les vers gracieux et touchants dans lesquels la piété filiale a
reproduit les traits, consacré les vertus dont elle garde les
traditions....?

Ainsi s'est écoulée, Messieurs, une longue existence, également occupée et remplie, simple par les évènements et les
actes, rehaussée par les sentiments et les principes.

L'âge n'avait point amené son cortége habituel de misères
et d'infirmités ; les facultés, les sens de Richard, dont la
délicatesse était merveilleuse, se conservaient par la pratique
de cet axiôme d'hygiène : *toujours de l'action, point d'excès.*

Au mois d'août **1860**, il voulut revoir son ami, l'illustre
professeur Lordat, visiter encore Montpellier où les doctrines
spiritualistes lui paraissaient unies à la vérité, comme les
murailles de l'école elle-même sont liées au temple voisin.
Ces dispositions, ce rapprochement n'étaient pas fortuits à
ses yeux, mais la conséquence naturelle des principes.

L'école ne proclame-t-elle pas des faits en dehors du
domaine de la science? Ne défend-elle pas de nier ce que la
science ne peut franchir ?... Ses antiques croyances ne
sont-elles pas celles que le génie de Gœthe a exprimées
lorsqu'il a dit : « Le savoir et la foi, loin de s'annuler réci-
proquement, sont destinés à se compléter l'un l'autre. »

C'est dans ce dernier voyage que de Laprade fut mortel-
lement frappé ; il vit s'approcher sans terreur l'instant qu'il
a prévu sans le craindre. Son âme, presque dégagée du corps,
sembla s'illuminer de clartés nouvelles ; il conserva, jusqu'à
la dernière heure, toute la lucidité de son intelligence, toute
la tendresse de son cœur pour consoler et bénir ses enfants.
Il s'éteignit doucement à Aix en Provence, le **19** octobre **1860**.

Cette fin paisible joint un dernier exemple de fermeté et
de résignation à tous ceux qu'il nous a donnés.

Une vie, recommandable à tant de titres, aurait demandé un autre interprète pour être dignement retracée : elle l'obtiendra bientôt ; l'un de vos membres est chargé de la reproduire dans la séance solennelle de la Société impériale de médecine (1). Cependant, j'aurai rempli une partie de mon devoir, j'ose l'espérer, si ce que j'ai dit des travaux, de la conduite , des vertus civiques du docteur Richard de Laprade, concourt à servir la science, inspire de la sympathie pour les mâles caractères, et leur crée des imitateurs.

Si les hommes de cette trempe sont ceux d'autrefois, que Dieu nous rende de pareils hommes.....!

(1) La Société de médecine de Lyon a décidé que l'éloge du docteur Richard de Laprade serait prononcé dans une de ses séances publiques. C'est le docteur Théodore Perrin, membre de l'Académie de Lyon, qui a été chargé de ce travail.